¡Vamos al cole!

**Español para niños
de Begoña Beutelspacher**

**Ernst Klett Sprachen
Stuttgart**

¡Vamos al cole!
Español para niños

Autora:
Begoña Beutelspacher

Maqueta e ilustración:
Anke Jessen

1ª Edición 1 6 5 4 | 14 13

La última cifra se refiere al año de esta tirada.
© Ernst Klett Sprachen GmbH, Stuttgart 2006.
Reservados todos los derechos.
Dirección en Internet: www.klett.de
Redacción: Cristina Palaoro

Impreso en Alemania por AZ Druck und Datentechnik GmbH, Kempten
Printed in Germany

ISBN-13: 978-3-12-514216-9

Carmen y Pablito viven y van al cole en un circo.
Hoy Carmen espera a Pablito y mira por la ventana. "¡Hola! Ya estoy aquí.
Venga, que hoy nos toca hablar sobre la ciudad".

La casa

Hola, ¿cómo te llamas?

¡Hola! Soy Carmen.   ¡Hola! Me llamo Pepe.   Yo me llamo Pablito.   Yo soy Zulu.

Yo soy Pablito y ella se llama Carmen.

Yo soy Carmen y él es Pablito.

Y tú, ¿cómo te llamas?
Dibuja tu cara y preséntate como alguno de los cuatro personajes.

La casa

1. El tejado

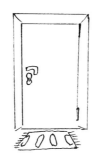

2. La puerta

3. La ventana

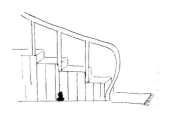

4. La escalera

Esta es la casa de Carmen. Mira los dibujos y escribe cada nombre en su sitio.

Completa con las vocales que faltan.

La casa tiene t _ j _ d _.

La casa tiene p _ _ r t _.

La casa tiene v_ n t_ n __.

La casa tiene __s c__ l _ r __.

La casa

En la habitación de Carmen. Busca los objetos en el dibujo y colorea.

1. La silla
2. La cama
3: La mesa
4. El cuadro
5. El reloj

Busca cada palabra
2 veces en la sopa de letras.

En la habitación de Carmen.
Completa y encontrarás otra palabra escondida.

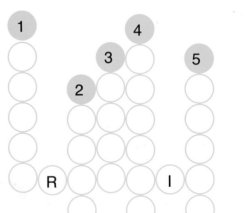

WSILLABUNENNEALAKS
CUADROKLNMESAISAM
MGUJNCAMAKKJICAMA
SILLAKOJFLMOPOIUZHI
CUADRODLAMESAFAMK
EOILMACUADRRELOJAH
GHRELOJHNAMHJSAMU

La casa

¿Dónde está Pepe?

Pepe está encima de la cama.

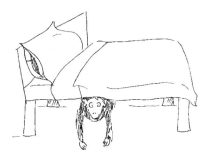

Pepe está debajo de la cama.

Zulu está delante de la cama.

Zulu está detrás de la cama.

Completa las frases y lee en voz alta.

Carmen está _____ de la mesa.

Zulu está _____ de la silla.

Zulu está _____ de la silla.

Zulu está _____ de la mesa.

¿Dónde están?

La casa

Dibuja las ventanas de la casa de color azul, la puerta de amarillo y el tejado de rojo.

Dibuja tu habitación y escribe los nombres de algunos objetos que hay en ella.

Ya están en el cole. Los niños y las niñas se saludan. Empieza la clase.
"Buenos días, silencio por favor, vamos a empezar".

El cole

1. el calendario

2. la papelera

3. el pupitre

4. la mochila

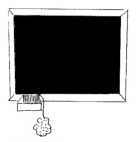

5. la pizarra

6. el mapa

Colorea los dibujos de arriba y después resuelve el crucigrama.

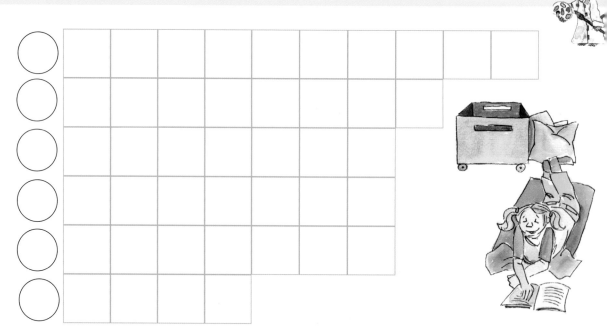

Practica con tus compañeros. Señala en tu aula las cosas que ves.

¿Qué es esto?

Es una papelera.

El cole

1. El lápiz   2. La goma   3. El cuaderno   4. Las pinturas

   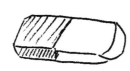      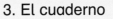

Repetid las palabras de arriba dando palmadas por cada sílaba.

Colorea el dibujo y pregunta a tu amigo o amiga dónde están los objetos.

¿Dónde está la goma?

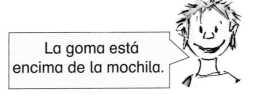

La goma está encima de la mochila.

El cole

Dibuja tu aula y escribe el nombre de los objetos que hay en ella.

Compara con la de tus compañeros.

El cole

Vamos a jugar al bingo. Elige 4 casillas y haz el dibujo. Tu profesor o profesora nombra los objetos y si coinciden con los tuyos táchalos.
El primero que tiene las cuatro casillas dice: ¡BINGO!

la mochila	la goma	el cuaderno	las pinturas
la pizarra	el mapa	la papelera	el calendario
el lápiz	la mochila	la goma	el lápiz

El cole

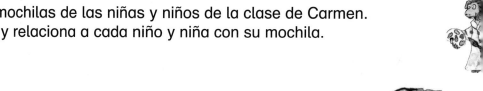

Estas son las mochilas de las niñas y niños de la clase de Carmen.
Coloréalas y relaciona a cada niño y niña con su mochila.

En mi mochila hay una
goma y un lápiz.

En mi mochila hay un
cuaderno y un lápiz.

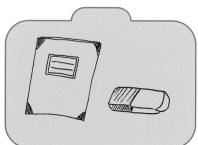

En mi mochila hay una
goma y un cuaderno.

En mi mochila hay pinturas
y un lápiz.

Describe lo que hay en tu mochila.

¿Qué hay en tu mochila?

En mi mochila
hay una goma.

La ciudad es un lugar interesante. Hay muchos lugares por descubrir.
"¿Dónde está el parque?"

¿Qué hay en la ciudad?

una estación de tren

un parque

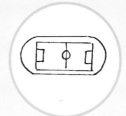

un polideportivo

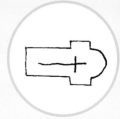

una iglesia

un hospital

un cole

un teatro

un aeropuerto

una biblioteca

un cine

un aparcamiento

un banco

Encuentra el nombre de las cuatro palabras.
Después con las letras restantes completa y descubre la frase de abajo.

```
LAPARQUECIUD
ADESCINEINT
ERBIBLIOTECA
EIGLESIASANTE
```

_ _   _ _ _ _ _ _   _ _   _ _ _ _ _ _ _ _

La ciudad

Fíjate en la página anterior. Completa y dibuja como en el ejemplo.

UNO		MÁS DE UNO	
el parque		los parques	
la iglesia			
la biblioteca			
el aparcamiento			

Colorea. Uno = rojo. Más de uno = azul.

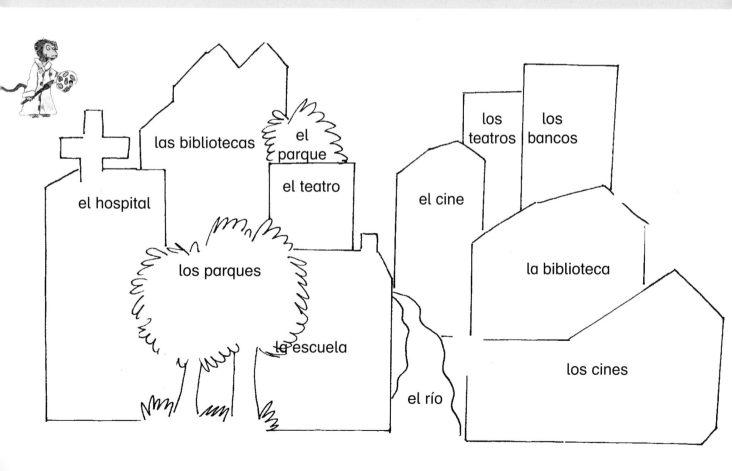

La ciudad

Este es el plano de una ciudad. Observa y contesta las preguntas.

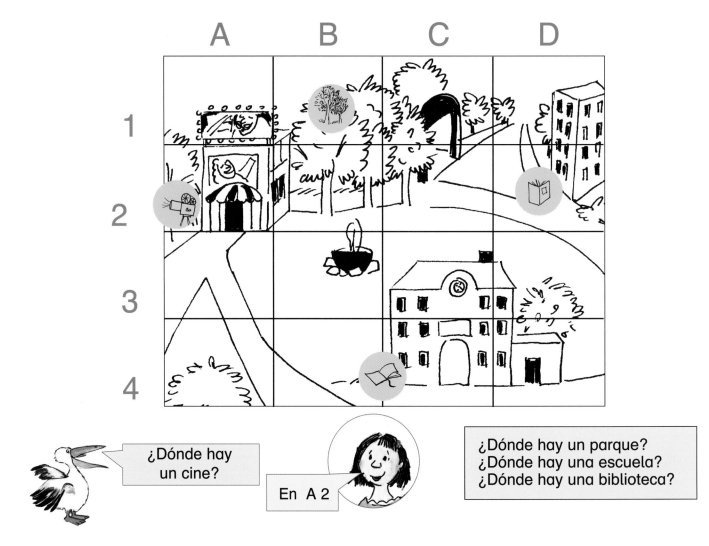

¿Dónde hay un cine?

En A 2

¿Dónde hay un parque?
¿Dónde hay una escuela?
¿Dónde hay una biblioteca?

Dibuja un plano con un banco, un teatro y un hospital.

La ciudad

Relaciona con los dibujos.

  ¿Dónde vas?

 Voy al cine.

 Voy al aeropuerto.

 Voy a la biblioteca.

 Voy al teatro.

La ciudad

Carmen y Pablito quieren ir a la biblioteca. ¿Qué camino tienen que tomar?
Márcalo y coméntalo a tus compañeros y compañeras.

Para ir a la biblioteca tienen que tomar el camino ....

En la calle hay gente, tiendas, coches y autobuses.
Suceden muchas cosas. "Vamos a cruzar, el semáforo está en verde".

La calle

¿Cómo vas al cole?

voy a pie ☐

voy en coche ☐

voy en bicicleta ☐

voy en autobús ☐

el coche   la bicicleta   el semáforo

el autobús   la moto   el camión

Completa las palabras .

la bici_ _ _ _ _ _

 el co_ _ _ e

 la m_ _t_ _

el a_ _ _ _bús

Encuentra dos veces las palabras: bicicleta y coche.

b	i	c	i	c	l	e	t	a	h
d	b	i	c	i	c	l	e	t	a
c	o	c	h	e	l				
t	c	o	c	h	e				

La calle

El semáforo está en rojo:
"No puedes cruzar".

El semáforo está en verde:
"Puedes cruzar".

Contesta a las preguntas con sí o no.

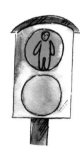

NO
Sí

¿Puedo cruzar?

¿Puedo cruzar?

NO
Sí

Dibuja un semáforo, un medio de transporte que no contamina,
uno que contamina y uno en dónde pueden ir muchas personas.

La calle

Dibuja

A la izquierda hay un autobús.
A la derecha hay un semáforo.

A la izquierda hay una casa.
A la derecha hay una bicicleta.

A la izquierda hay un coche.
A la derecha hay un camión.

Antes de cruzar, ¿tienes que mirar? Escríbelo.

_____   _____

_____

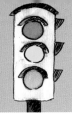

Colorea de naranja lo que está a la izquierda y de verde lo que está a la derecha.
Completa las frases.

El coche es _____
El coche está a la _____

La moto está a la _____
La moto es _____

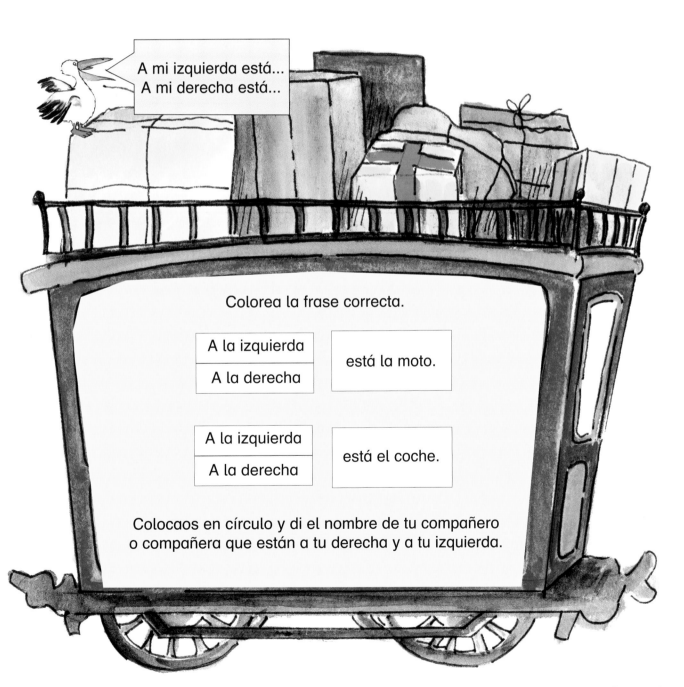

A mi izquierda está...
A mi derecha está...

Colorea la frase correcta.

A la izquierda	
A la derecha	está la moto.

A la izquierda	
A la derecha	está el coche.

Colocaos en círculo y di el nombre de tu compañero
o compañera que están a tu derecha y a tu izquierda.

La calle

¿En qué calle vives? ¿En qué ciudad?
Dibuja tu calle y tu casa y escribe debajo tu dirección.

Mi dirección:

Vivo en _____

_____

El parque es un lugar tranquilo.
Se puede jugar sin peligro y hasta dormir. ¡Hola ardilla!

El parque

Marca los animales que has visto de cerca alguna vez.

un pato ☐

una ardilla ☐

un búho ☐

un cisne ☐

una paloma ☐

un pájaro ☐

un perro ☐

¿Cuántos animales hay en el dibujo de la página anterior?
Escribe sus nombres, cuéntalos y completa la frase.

En el dibujo hay _____ animales.

Busca en la sopa de letras el nombre de estos animales dos veces.

la ardilla
el perro
el pato
el cisne

PATOPCISNEARDILLA
KALAHUCISNEJUTAMI
ARDILLAAPERROLSAL
ARFIJJAGOSPATOHJK
LOUCISNAPERROSALJ

La flor es pequeña y el árbol es grande. Dibuja 4 flores pequeñas y un árbol grande.

¿Cuántas flores hay de cada tipo?

 Hay ☐ flores rosas.

 Hay ☐ flores amarillas.

 Hay ☐ flores azules.

Escribe en las casillas ARRIBA o ABAJO.

¿Dónde está el globo?

El globo está arriba.

la luna

ARRIBA

el gato

ABAJO

la cometa

el globo

el árbol

la mariposa

la bicicleta

el perro

El parque

María toca el siku.

Alejandro toca la guitarra.

el violín

la trompeta

el siku

el tambor

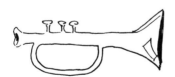

Escribe frases como en los ejemplos con otros instrumentos musicales.

El parque

¿Qué instrumento tocas?

Toco el violín.

Dibújate tocando un instrumento y completa la frase "toco ...". Pregunta a tu amigo o amiga qué instrumento toca.

Vamos a jugar. Con una ficha y un dado. Imita el movimiento y di qué instrumento tocas.

1

2

5

3

4

Carmen y Pablito tienen hambre. Se sientan en una terraza del parque a comer. El camarero les pregunta: "¿Qué váis a tomar?"

El restaurante

Para comer y beber

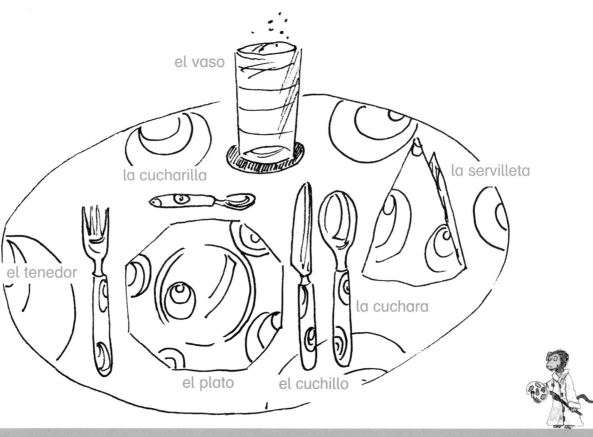

el vaso

la cucharilla

la servilleta

el tenedor

la cuchara

el plato

el cuchillo

Dibuja con diferentes colores o motivos tus propios cubiertos, plato, vaso y servilleta.

El restaurante

Al poner la mesa hemos olvidado algo. ¿Qué falta?

_____

_____

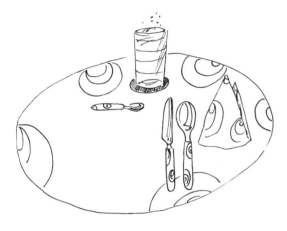

_____

_____

Busca algunas de las palabras de la página anterior en la sopa de letras.

```
P L A T O Z S A
S C T E R T E U
P U T N E L R K
A C A E A N V E
G H M D N O I O
V A S O R R L Z
E R H R R M L D
T A E F M A E A
I S L R S I T J
S U D I N H A R
S A W T K N A A
A R Z A N M D D
C U C H I L L O
S O L K H P C V
```

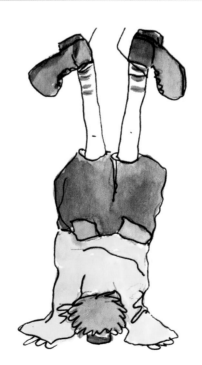

El restaurante

¿Qué tomas?

Para mí unas
patatas fritas.

Dibuja lo que sueles tomar en el restaurante. Pregúntale a tu profesor o
profesora cómo se dice. Luego jugad a que vuestra clase es un restaurante.
Uno de vosotros es el camarero y pregunta a los demás qué van a tomar.

El restaurante

¿Te gusta/n? Relaciona.

la pizza

NADA

 la salchicha

el arroz

 los espaguetis

UN POCO

el pescado

 las patatas fritas

la ensalada

MUCHO

 el queso

¿Te gusta la/el ...
¿Te gustan los/las ...

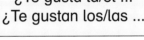

Intercambia con tus compañeros y compañeras tus gustos.

¿Te gusta la pizza?

Mucho.

El restaurante

En el dibujo del restaurante (pág. 33) hay una persona que les trae la comida: ¿Sabes cuál de éstas es? Uno de vosotros o vosotras piensa e imita una profesión de estas seis, y el resto la adivina.

"¿Qué soy?"

el camarero

la profesora

el músico

el payaso

el panadero

el futbolista

Escribe las letras en el orden correcto y descubrirás a qué profesión corresponden.

Ahora están en el museo de la ciudad. Allí se exponen objetos antiguos y valiosos. Pronto descubren los juguetes. "¡Oh! ¡Qué bonitos!"

El museo

1. la muñeca

2. el tren de vapor

3. la bicicleta

4. la pelota

5. el puzzle

6. el coche de caballos

¿Qué juguetes del museo te gustan? Dibújalos y escribe los nombres.

El museo

Dibujo escondido. Escribe los nombres de los objetos y relaciónalos con los dibujos.

la muñeca

¿Cuáles son tus juguetes favoritos? Dibuja dos y pregunta a tu profesor o profesora el nombre.

El museo

En el museo hay muchas cosas antiguas. ¿Has estado alguna vez en un museo?
Escribe la palabra "antes" para los objetos antiguos y la palabra "ahora" para los modernos.

El museo

¿Adónde vas en tu tiempo libre?
Marca con una cruz los lugares adonde vas o has ido alguna vez.

Voy al museo. ☐

Voy al parque. ☐

Voy al teatro. ☐

Voy al cine. ☐

Voy al circo. ☐

Voy a la piscina. ☐

Voy al zoo. ☐

Voy al parque de atracciones. ☐

Voy al concierto. ☐

Dibuja adónde va Pablito.

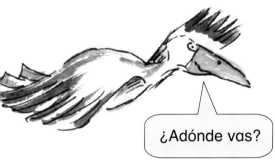

¿Adónde vas?

Voy a la piscina.

El museo

¿Adónde van?

Voy al .....   Voy al .....   Voy a la .....   Voy a la .....

Sigue las líneas y descubre adonde van. Explícalo a la clase.

En la biblioteca hay millones de libros. "¡Anda! ¡Este libro ya lo tengo!"

La biblioteca

En la biblioteca hay muchos libros.

el libro de aventuras

el libro de cuentos

el libro de cocina

el libro de canciones

el libro de animales

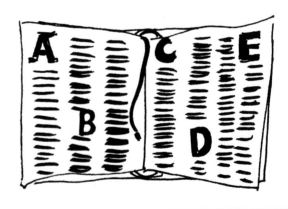

el diccionario

¿Cuál es tu libro favorito?

La biblioteca

Dibuja tu libro favorito.

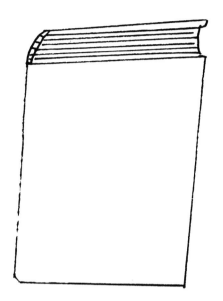

¿Qué personaje corresponde a cada libro? Relaciona y escribe frases como en el ejemplo.

    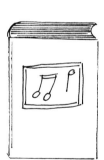

Una princesa, una clave de sol, un pirata, un gato, espaguetis.

En el libro de cuentos hay una princesa.

La biblioteca

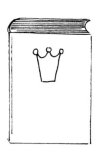
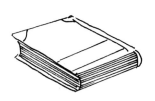

El libro está cerrado. El libro está abierto. El libro es viejo. El libro es nuevo.

Encuentra dos veces cada palabra:

cerrado
abierto
viejo
nuevo

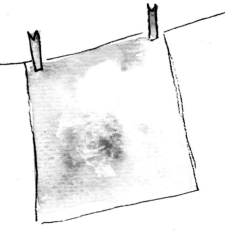

HDRTCERRADOEALAKS
SIVIEJOJFLNUEVOUZHI
MGUJNCAVIEJOICAMA
CUADRCERRADOAISAM
CUABIERTOMNUEVOMK
EOILABIERTOBRELOJAH

Practica en   clase con las palabras: El cuaderno, la puerta, la ventana, el libro, la cart-

El libro es nuevo.

El cuaderno está cerrado.

La biblioteca

Marca con colores diez números y dilos en clase.

1 uno	11 once	21 veintiuno/a	31 treinta y uno/a	50 cincuenta
2 dos	12 doce	22 veintidós	32 treinta y dos	60 sesenta
3 tres	13 trece	23 veintrés	33 treinta y tres	70 setenta
4 cuatro	14 catorce	24 veinticuatro	34 treinta y cuatro	80 ochenta
5 cinco	15 quince	25 veinticinco	35 treinta y cinco	90 noventa
6 seis	16 dieciséis	26 veintiséis	36 treinta y seis	100 cien
7 siete	17 diecisiete	27 veintisiete	37 treinta y siete	
8 ocho	18 dieciocho	28 veintiocho	38 treinta y ocho	
9 nueve	19 diecinueve	29 veintinueve	39 treinta y nueve	
10 diez	20 veinte	30 treinta	40 cuarenta	

cien

Completa las series y lee en voz alta.

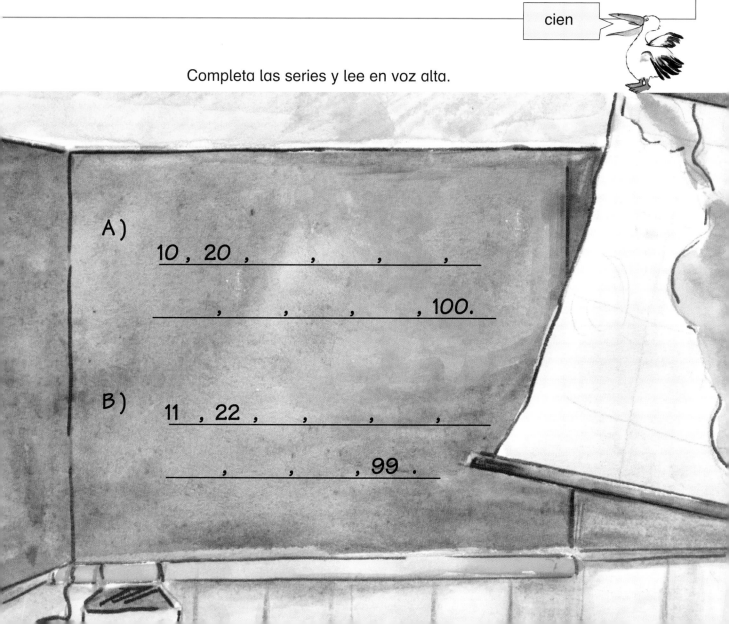

A)

10 , 20 , ____ , ____ , ____ ,

____ , ____ , ____ , 100.

B)

11 , 22 , ____ , ____ , ____ ,

____ , ____ , 99 .

La biblioteca

¿En qué páginas están abiertos los libros? Escríbelas.

En el polideportivo se practican muchos deportes.
Hoy juegan un partido de fútbol. "¡Gooooool!"

El polideportivo

LOS DEPORTES

el fútbol

la gimnasia

el tenis

la equitación

el baloncesto

la natación

el ciclismo

el esquí

el esgrima

el ajedrez

¿Practicas alguno de estos deportes?
Escríbelos:

El polideportivo

Marca con qué frecuencia practicas estos deportes.

	nunca	una vez a la semana	varias veces a la semana
fútbol	☐	☐	☐
gimnasia	☐	☐	☐
tenis	☐	☐	☐
equitación	☐	☐	☐
esquí	☐	☐	☐
ciclismo	☐	☐	☐
natación	☐	☐	☐
esgrima	☐	☐	☐

Explica a tu clase con algún ejemplo:

Nunca practico _____

Una vez a la semana practico _____

Varias veces a la semana practico _____

Una vez a la semana practico natación.

El polideportivo

Dibuja 3 deportes que practicas o te gustaría practicar y escribe el nombre.

Me gusta...

Dibuja un deporte que no te gustaría practicar y escribe el nombre.

No me gusta...

El polideportivo

Relaciona los deportes con los dibujos.

TENIS - CICLISMO - FÚTBOL - EQUITACIÓN - NATACIÓN.

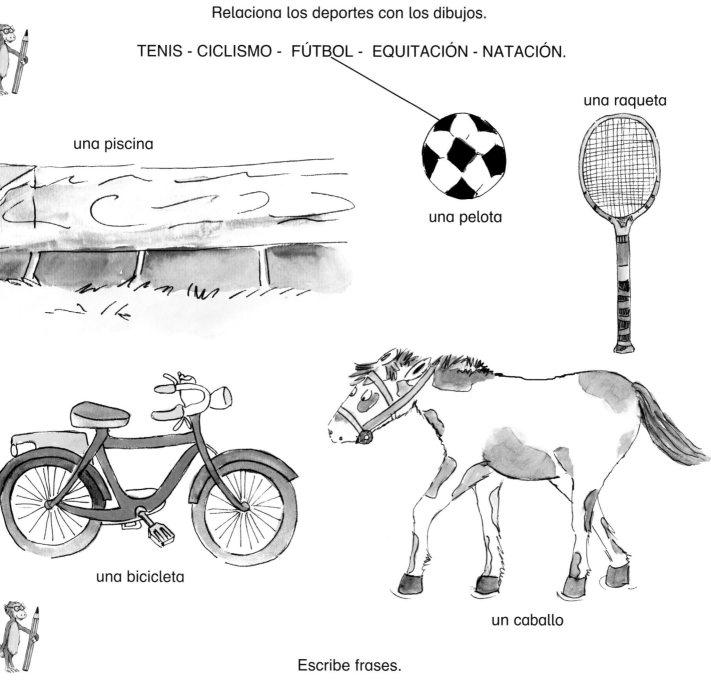

una piscina

una pelota

una raqueta

una bicicleta

un caballo

Escribe frases.

Para practicar fútbol necesito una pelota.

El polideportivo

Mira en la página 52 y resuelve el crucigrama.

Hoy los chicos y chicas de la clase exponen carteles, fotos, álbumes para presentar su ciudad. ¡Qué ciudad tan bonita!

La fiesta

Mira los dibujos y escribe cada palabra en la casilla correspondiente.

el colegio

_____

_____

_____

la calle

_____

_____

_____

los juguetes

_____

_____

_____

el parque

_____

_____

los deportes

_____

_____

La fiesta

Resuelve los crucigramas.

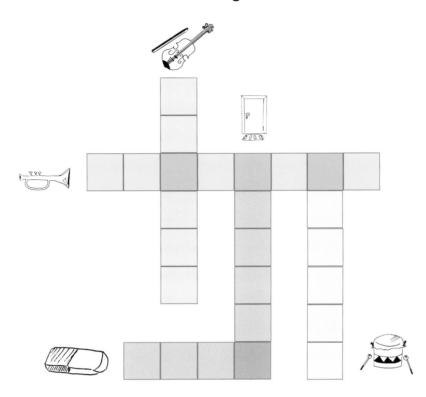

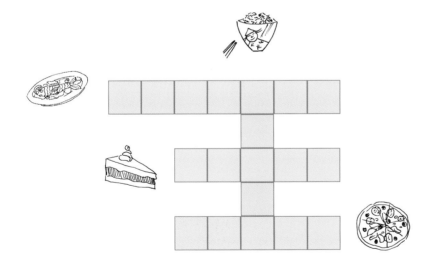

viejo

cerrado

izquierda

La fiesta

Observa los dos dibujos y descubre las diferencias.
Compara con tu compañero o compañera

Escribe las palabras en la margarita correspondiente.
PARQUE. TEATROS. BIBLIOTECA. PARQUES. CINE. BIBLIOTECAS. CINES. TEATRO.

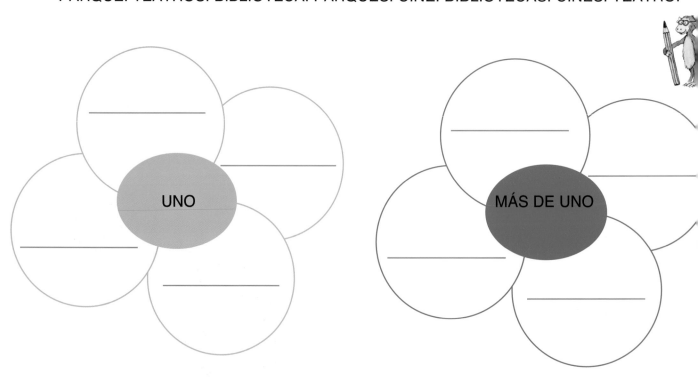

UNO

MÁS DE UNO

La fiesta

Relaciona la palabra con su dibujo.

la cuchara	
veintiséis	**26**
el vaso	
cien	**100**
ochenta	
la cucharilla	**80**
el cuchillo	
el plato	

la princesa	**27**
el tren	**60**
el tenedor	
noventa	
la servilleta	**90**
veintisiete	
sesenta	
el gato	

Relaciona los libros con los dibujos.

el libro de cocina

el libro de canciones

el libro de animales

La fiesta

Responde a las siguientes preguntas.

1. ¿Dónde vives? Escribe el nombre de tu ciudad o pueblo.

2. ¿Cómo se llama tu cole?

3. ¿Cómo vas al cole?

4. ¿Hay un cine en tu ciudad?

5. ¿Cuál es tu dirección?

6. ¿Tocas algún instrumento?

7. ¿Qué tomas en un restaurante?

8. ¿Con qué juguete te gusta jugar?

9. ¿Adónde vas en tu tiempo libre?

10. ¿Qué deportes practicas?

La fiesta

Carmen y Pablito viven y van al _____ en un circo.

Hoy Carmen espera a Pablito y mira por la _____. "¡Hola! Ya

estoy _____. Venga, que hoy nos toca hablar sobre la ciudad"

Ya están en el cole. Los _____ y las _____se saludan.

Empieza la _____. "Buenos días, _____por favor,

vamos a empezar".

La ciudad es un lugar _____. Hay muchos lugares por descubrir.

"¿_____ está el _____?"

En la _____ hay gente, tiendas, _____ y autobuses.

Suceden muchas cosas. "Vamos a cruzar, el _____ está en verde"

El parque _____ un lugar tranquilo. Se puede _____ sin peligro y

hasta dormir. ¡Hola _____!

La fiesta

Carmen y Pablito tienen _____. Se sientan en una terraza del parque a

comer. El _____ les pregunta: "¿Qué váis a _____?"

Ahora están en el _____ de la ciudad. Allí se exponen objetos

_____ y valiosos. Pronto descubren los _____.

"!Oh! ¡Qué _____!"

_____ la _____ hay millones de libros. "¡Anda! ¡Este

_____ ya lo tengo!"

En el polideportivo se practican muchos _____.

Hoy juegan un _____ de _____. "¡Goooooool!"

Hoy los chicos y chicas de la clase exponen carteles, fotos, álbumes para

presentar su _____. ¡Qué ciudad tan bonita!